VENTE DES LUNDI 14 et MARDI 15 FÉVRIER 1870

COLLECTION

D'OBJETS D'ART

DU JAPON

Exposition publique : le Dimanche 13 Février 1870

DE UNE HEURE A CINQ HEURES

Mᵉ CHARLES PILLET
COMMISSAIRE-PRISEUR

M. CHARLES MANNHEIM
EXPERT

CATALOGUE

D'UNE INTÉRESSANTE COLLECTION

D'OBJETS D'ART

DU JAPON

BRONZES : PORCELAINES ET POTERIES
LAQUES ; ARMES ;
ROULEAUX PEINTS ET ALBUMS

DONT LA VENTE AURA LIEU

HOTEL DROUOT, Salle N° 9

Les Lundi 14 et Mardi 15 Février 1870

A DEUX HEURES PRÉCISES

Par le ministère de Me **CHARLES PILLET**, Commissaire-Priseur,
10, rue Grange-Batelière,

Assisté de M. **CH. MANNHEIM**, Expert, 7, rue Saint-Georges.

Chez lesquels se trouve le Catalogue.

EXPOSITION PUBLIQUE :

Le Dimanche 13 Février 1870, de une heure à cinq heures.

CONDITIONS DE LA VENTE.

Elle sera faite au comptant.

Les adjudicataires payeront *cinq pour cent* en sus des enchères.

L'exposition mettant le public à même de se rendre compte de l'état des objets, il ne sera admis aucune réclamation une fois l'adjudication prononcée.

Paris. — Imp. de PILLET fils aîné, rue des Grands-Augustin

DÉSIGNATION DES OBJETS

Bronzes du Japon

1 — Très-grande chimère assise, posant la patte sur une boule repercée à jour; cette pièce est rehaussée de parties dorées.

2 — Vase forme balustre carré losangé, à deux anses, avec ornements ciselés en relief.

3 — Deux vases de forme cylindrique à palmettes ciselées.

4 — Deux vases forme balustre, à large bord plat et évasé.

5 — Joli brûle parfums formé d'un héron debout.

6 — Vase modèle cornet carré à panse renflée, décorée d'ornements en relief. Bronze très-ancien.

7 — Deux vases de forme analogue.

8 — Vase modèle balustre surbaissé à deux anses, décoré de bandes d'ornements.

9 — Vase de forme analogue, à anses têtes chimériques et ornements en relief sur la panse.

10 — Vase forme balustre, reposant sur trois pieds et à large plateau dans le haut.

11 — Vase de forme analogue; les pieds sont ornés de têtes de chimères.

12 — Brûle-parfums formé d'un éléphant debout supportant une lanterne.

13 — Flambeau très-curieux en bronze à tige et sphère découpées à jour, supportées par deux chimères debout et reposant sur une petite table carrée.

14 — Figure d'homme debout, formant boite.

15 — Vase modèle balustre à panse à ornements en relief et anses dragons.

16 — Vase à deux anses à bandes d'ornements gravés et large ouverture.

17 — Brûle-parfums reposant sur trois pieds bas à deux anses surélevées et à couvercle surmonté d'une chimère.

18 — Brûle-parfums formé d'une tortue fantastique supportant un vase forme losange avec couvercle formé d'une chimère.

19 — Deux vases modèle balustre carré à ornements en relief.

20 — Brûle-parfums de forme sphérique, reposant sur trois pieds découpés, garni de deux anses surélevées et à couvercle découpé à jour, le tout en bronze doré enrichi d'ornements et armoiries en relief.

21 — Deux vases modèle balustre à deux anses ; le bord supérieur de l'un d'eux est orné de perles saillantes.

22 — Vase de forme surbaissée, à large bord évasé et à deux anses têtes d'éléphants.

23 — Deux vases modèle cornet à panse renflée, enrichis de figures et d'animaux en ronde bosse.

24 — Trois vases modèle balustre aplati à deux anses, décorés d'ornements en relief; l'un deux porte des inscriptions.

25 — Brûle-parfums formé d'un cerf sur lequel est assise une divinité.

26 — Trois cloches en bronze, l'une de forme octogone surmontée d'un dragon.

27 — Brûle-parfums de forme surbaissée à deux anses mobiles avec couvercle découpé à jour.

28 — Deux vases modèle balustre en deux modèles; l'un deux a les anses formées de têtes chimériques.

29 — Brûle-parfums formé d'un groupe d'une grande et d'une petite chimère.

30 — Deux brûle-parfums destinés à être suspendus et formés de hérons volant, montés chacun par une divinité.

31 — Trois vases en bronze dont deux modèle cornet et le troisième modèle balustre carré.

32 — Trois autres vases en bronze dont deux forme cornets à panse renflée, et le troisième modèle balustre aplati.

33 — Deux vases en bronze, l'un forme balustre; l'autre forme balustre losangé.

34 — Deux vases de forme cylindrique, l'un deux garni de deux anses poissons.

35 — Deux crustacés en bronze formant presse-papier.

36 — Deux vases, dont un forme cornet à arêtes en relief.

37 — Quatre flambeaux en bronze de formes variées.

38 — Deux vases, l'un deux de forme cylindrique, monté sur

trois pieds à têtes chimériques, et l'autre forme balustre en cuivre gravé et ornements argentés.

39 — Trois brûle-parfums de formes variées, l'un deux avec pied mobile.

40 — Deux vases forme bouteille, l'un deux garni de deux anses têtes chimériques.

41 — Deux pièces: corbeille en bronze à fleurs en relief, et plateau à bonbons à feuillages gravés.

42 — Lampe marine de forme sphérique, en cuivre ciselé, argenté et découpé à jour; elle est garnie d'un gland de soie.

43 — Quatre petites jardinières forme basse, dont une de forme hexagone.

44 — Brûle-parfums formé d'un oiseau monté sur son perchoir.

45 — Deux brûle-parfums, l'un d'eux formé d'un paon debout et l'autre d'une cigogne.

46 — Trois pièces : deux porte-allumettes de forme cylindrique et une boîte en étain en forme de maison.

47 — Trois brûle-parfums en forme d'oiseaux, l'un d'eux, formé d'une chauve-souris, destiné à être suspendu.

48 — Perchoir en bronze et boule en fer découpée à jour.

49 — Vingt-huit manches de couteaux en bronze, avec insectes, animaux et figures en relief, dorés et argentés.

50 — Deux pièces : presse-papier formé d'un rocher et d'une chimère, et divinité sur socle carré.

51 — Trois pièces : coquille, panier et flacon à eau.

52 — Trois petits vases de formes variées, l'un d'eux orné d'un oiseau en ronde bosse.

53 — Deux vases et un brûle-parfums en bronze; ce dernier a un couvercle repercé à jour.

54 — Quatre pièces en bronze, dont un petit brûle-parfums à figures en relief autour de la panse.

55 — Cinq pièces : une petite tasse en bronze doré, une petite théière en métal blanc, une figurine en bronze, un petit support à trépied et une pipe.

56 — Boite cylindrique en étoffe, avec ornements de cuivre gravé et cordon de soie, garni de gros grelots.

57 — Quatre pièces diverses en cuivre.

Porcelaines et Poteries

58 — Très-jolie jonque en poterie de Satzouma, très-richement décorée en émaux de couleurs.

59 — Figure d'homme debout, en poterie de Satzouma, dont les vêtements sont couverts de feuillages émaillés en couleur et rehaussés d'or.

60 — Deux vases de forme cylindrique en porcelaine, décorés de fleurs émaillées en couleur.

61 — Deux carpes fantastiques debout, et formant vases en porcelaine du Japon, émaillés de riches couleurs.

62 — Deux chimères en céladon vert d'eau.

63 — Deux coupes creuses à bords droits, enrichis de parties réticulées à jour et décorées en camaïeu bleu.

64 — Deux flambeaux à colonne droite, et reposant sur trois pieds à têtes chimériques; ils sont décorés de fleurs et d'ornements émaillés en couleur.

65 — Beau groupe formé d'un aigle debout sur un rocher en terre émaillée.

66 — Vase de forme cylindrique, en porcelaine du Japon, décoré de paysages et de figures en camaïeu bleu, enrichi d'un médaillon repercé à jour, avec dragons gaufrés réservés en blanc ; il repose sur un socle à quatre pieds.

67 — Deux vases à deux anses, garnies d'anneaux mouvants et décorés de paysages avec figures, émaillés en couleur.

68 — Deux flacons carrés en porcelaine du Japon, décorés de fleurs et d'ornements en couleurs variées et or.

69 — Deux paires de vases-gourdes en porcelaine du Japon, décorés en camaïeu bleu et couleur.

70 — Quatre vases forme bouteille en porcelaine du Japon, décorés de médaillons de paysages et de dragons en camaïeu rouge et or.

71 — Animal fantastique formant brûle-parfums, en poterie de Satzouma, décoré en couleur et or.

72 — Vase modèle balustre hexagone, en poterie de Satzouma, décoré de dragons émaillés en couleur.

73 — Vase de forme cylindrique à anses têtes d'éléphants, en poterie de Satzouma, décoré d'oiseaux et de fleurs en couleur et or.

74 — Vase en poterie de Satzouma à deux anses carrées, décoré d'oiseaux, de fleurs et d'ornements émaillés.

75 — Groupe de deux figures en terre émaillée brun clair; les têtes de ces figures sont curieuses.

76 — Boîte de forme oblongue, à deux anses et à couvercle en poterie de Satzouma, décorée de fleurs et de paysages émaillés en couleur.

77 — Théière à bain-marie, en poterie de Satzouma, à décors très-fins, paysages et figures.

78 — Vase modèle cornet, surmonté d'un large plateau en porcelaine du Japon, décorée en camaïeu bleu.

79 — Presse-papier formé d'un dragon fantastique enroulé, en grès émaillé. Pièce curieuse.

80 — Petit vase modèle balustre en poterie de Satzouma craquelée et décorée de fleurs émaillées en couleur.

81 — Vase en forme de corbeille à anse en poterie de Satzouma, décorée d'arbustes et de fleurs émaillées bleu et vert.

82 — Vase de forme sphérique surbaissée et à couvercle en poterie de Satzouma repercé à jour, émaillé en couleur et décoré en or à l'intérieur.

83 — Deux grands flambeaux à tige à balustre et pied à plateau en porcelaine du Japon décorée en couleur. Quoique différents de décor, ces deux pièces peuvent se faire pendant.

84 — Jolie trousse de médecin en poterie de Satzouma décorée d'oiseaux et de fleurs rehaussés d'or.

85 — Deux pièces en porcelaine du Japon; chimère et bœuf couchés.

86 — Théière formée d'une courge sur laquelle un enfant est assis, poterie de Satzouma émaillée en couleur.

87 — Vase modèle cornet en céladon émaillé vert d'eau, à animaux gaufrés sous émail.

88 — Figure d'enfant assis sur socle carré en porcelaine du Japon émaillée en couleur.

89 — Éléphant couché en porcelaine du Japon décorée en couleur; il repose sur un socle en laque.

90 — Vase modèle balustre en porcelaine du Japon, décoré de larges palmettes émaillées en couleur et or.

91 — Figure de Confucius debout en terre émaillée bleu. Pièce curieuse.

92 — Figure en terre émaillée brun, personnage tenant une gourde.

93 — Vase modèle balustre surbaissé en terre laquée noir et or; le bord supérieur très-large et plat, émaillé vert jaspé.

94 — Quatre bouteilles en poterie de Satzouma, décorées de fleurs et de figures.

95 — Porte-allumettes en poterie de Satzouma, décoré de fleurs émaillées en couleur sur fond rosé.

96 — Théière à bain-marie en porcelaine du Japon, décorée de fleurs en bleu rouge et or.

97 — Autre théière à bain-marie en porcelaine du Japon, décorée de fleurs en couleurs et or et enrichie de feuillages en relief.

98 — Vase modèle balustre à deux anses en poterie de Satzouma, décoré de fleurs émaillées en couleurs.

99 — Deux petites bouteilles en porcelaine du Japon, décorées d'oiseaux et d'ornements.

100 — Deux petites bouteilles à pans en poterie de Satzouma, décorées de paysages et d'ornements émaillés en couleur.

101 — Vase modèle-balustre en grès jaspé bleu et vert.

102 — Boîte ronde, à cinq lobes et à couvercle, en porcelaine du Japon, décorée de paysages en camaïeu bleu.

103 — Coupe ronde, à couvercle, avec ornements repercés à jour et à décor en camaïeu bleu.

104 — Jolie boîte hexagone, à trois compartiments et à cou-

vercle en poterie de Satzouma, avec arabesques émaillées bleu et ornements découpés à jour.

105 — Boîte de forme analogue, à décors émaillés vert.

106 — Personnage accroupi en céladon vert d'eau, têtes et mains réservées en émail brun.

107 — Vase modèle balustre surbaissé, reposant sur un socle à trépied et surmonté d'un large plateau ; le tout en porcelaine du Japon, décoré de roseaux et de dragons émaillés en couleurs.

108 — Grand et beau vase forme balustre à ouverture évasée, en poterie de Satzouma, gaufrée à vannerie, et décorée de fleurs émaillées en couleurs et rehaussées d'or.

109 — Deux vases de forme cylindrique en porcelaine du Japon, décorés de feuillages en camaïeu bleu et or ; socle en laque noir.

110 — Figure de guerrier japonais assis, en poterie de Satzouma, émaillée en couleur. Le siége forme boîte. Pièce très-curieuse.

111 — Grand bol rond à deux anses, têtes chimériques, en poterie de Satzouma, décoré d'ornements et de fleurs émaillées en couleurs.

112 — Vase, modèle balustre, à large bord formant plateau, reposant sur un socle composé d'un dragon et de va-

gues de la mer, en porcelaine du Japon, décoré en camaïeu bleu.

113 — Jardinière ronde, à bords plats, en porcelaine du Japon, décorée dans le style des poteries de Satsouma, à fleurs et insectes émaillés en couleurs et or.

114 — Pagode de forme carrée composée de huit pièces superposées, en porcelaine du Japon émaillée en couleur et or.

115 — Groupe de trois chimères combattant, en porcelaine du Japon, dont deux réservées en biscuit, et la troisième émaillée vert d'eau.

116 — Groupe de cinq tortues en porcelaine du Japon, émaillée en couleur et or.

117 — Jardinière ronde en porcelaine du Japon, décorée de fleurs et d'ornements.

118 — Jardinière de forme sphérique, en porcelaine blanche du Japon, à ornements gaufrés et anses formées de dragons.

119 — Boîte en forme de fruit, en porcelaine du Japon, décorée d'oiseaux en camaïeu bleu.

120 — Vase forme balustre en porcelaine du Japon, à décors de fruits et feuillages, dans le style des poteries de Kanga.

121 — Vase de forme surbaissée à couvercle, avec grilles à jour, en porcelaine du Japon, décorée de dragons et de feuillages émaillés vert, rouge et or, dans le style des poteries de Kanga.

122 — Quatre petits vases ovoïdes, à couvercles, en porcelaine du Japon décorés de fleurs émaillées en couleurs.

123 — Très-jolie statuette en poterie de Satzouma : Confucius debout; les vêtements, émaillés en couleur, sont rehaussés d'ornements à reflets métalliques, imitant la broderie d'or et d'argent.

124 — Deux autres figurines en poterie de Satzouma : Confucius et enfant assis.

125 — Trois plateaux forme éventail, en poterie de Satzouma émaillée en couleur.

126 — Bol en porcelaine du Japon, décoré de dragons émaillés en couleur sur fond bleu.

127 — Vase forme bouteille en poterie de Satzouma, décoré de fleurs émaillées.

128 — Figure de Poussah accroupi, dont les vêtements sont émaillés bleu.

129 — Groupe en porcelaine du Japon décoré en camaïeu bleu et composé d'un dragon, de vagues de la mer et d'une montagne.

130 — Figurine d'enfant tenant un chien, en poterie de Satzouma.

131 — Deux boîtes ornées de coquillages en relief émaillés en couleurs.

132 — Deux brûle-parfums; l'un en porcelaine tendre, canard sur un rocher, l'autre en porcelaine blanche, cygne.

133 — Deux figures debout, l'une en ancien blanc, et l'autre décorée en couleurs.

134 — Vase modèle gourde, en porcelaine du Japon, décorée de figures et de fleurs en couleurs.

135 — Petit vase, forme bouteille, en poterie de Satzouma décoré de fleurs en couleurs et or.

136 — Grande théière en porcelaine du Japon, décorée de dragons et d'ornements.

137 — Trois pièces en porcelaine du Japon décorée en camaïeu bleu, dont une figurine d'homme.

138 — Deux seaux carrés en terre, à fleurs émaillées en couleurs.

139 — Quatre bouteilles porcelaine du Japon, dont deux forme gourde.

140 — Deux petites potiches à couvercles, en porcelaine du Japon, fond rouge.

141 — Deux plateaux longs en terre émaillée, à décors de paysages.

142 — Deux pièces en terre émaillée : cygne couché et brûle-parfums en forme d'éléphant.

143 — Deux pièces en porcelaine du Japon : chimère décorée en camaïeu bleu, et animal couché émaillé vert d'eau.

144 — Boîte ronde à trois compartiments, en porcelaine du Japon, décorée bleu, rouge et or.

145 — Deux pitongs en porcelaine, l'un d'eux à branches de fleurs en relief.

146 — Bol profond en terre émaillée gris clair, et décorée de fleurs et de fruits émaillés en couleurs.

147 — Deux bols en porcelaine du Japon, décorés bleu, rouge et or.

148 — Deux jardinières rondes en poterie de Satzouma, décorées de fleurs et d'ornements émaillés en couleurs.

149 — Deux jardinières analogues à celles qui précèdent, mais plus petites.

150 — Deux autres jardinières analogues à celles qui précèdent, mais plus petites.

151 — Deux vases en porcelaine du Japon, décorés en camaïeu

bleu, l'un d'eux modèle cornet, l'autre de forme cylindrique.

152 — Deux pièces, flacon triangulaire avec goulot laqué, et petit vase décoré en couleur.

153 — Vase modèle balustre à deux anses, en porcelaine du Japon décoré de paysages en couleurs.

154 — Vase modèle balustre, en céladon violet, rehaussé d'émail bleu turquoise, avec ornements gaufrés en relief.

155 — Très-grand plat en poterie de Satzouma, décoré de fleurs et d'ornements émaillés en couleurs.

156 — Grand plat rond en porcelaine du Japon, décoré d'une rosace émaillée en couleurs.

157 — Autre plat de même porcelaine, décoré de dragons et de fleurs.

158 — Plat analogue au précédent.

159 — Plat rond en porcelaine du Japon, décoré de fleurs et d'ornements en couleurs.

160 — Plat rond de même porcelaine, décoré en camaïeu bleu rehaussé d'or.

161 — Plat rond en porcelaine du Japon, décoré de figures sur fond rouge.

162 — Plat rond, décoré en bleu, rouge et or.

163 — Autre plat en porcelaine du Japon, décoré de fleurs et d'ornements.

164 — Deux plats carrés en porcelaine du Japon, décor polychrome.

165 — Coupe ronde à pans en porcelaine de Kanga, décorée de fleurs et d'animaux en rouge et or.

166 — Plat creux à pied, en porcelaine du Japon, décoré d'une corbeille de fleurs.

167 — Deux petits plats ronds en porcelaine du Japon, décorés de divinités émaillées en couleurs.

168 — Plat creux en porcelaine du Japon, décoré de médaillons en camaïeu bleu, et fond à insectes sur fond rouge.

169 — Deux coupes rondes en porcelaine du Japon, décorées d'oiseaux et de fleurs.

170 — Réchaud en terre émaillée vert d'eau et craquelée.

171 — Deux pièces en porcelaine du Japon, décorées en camaïeu bleu ; coupe ronde à couvercle et petit vase.

172 — Coupe à quatre lobes en terre émaillée de Satzouma, à figures et paysages.

173 — Plateau en porcelaine du Japon, décorée en couleurs et offrant au centre une carpe et des fleurs.

174 — Brûle-parfums reposant sur trois pieds et à couvercle découpé à jour, en porcelaine du Japon décorée bleu, rouge et or.

175 — Brûle-parfums analogue à celui qui précède, en poterie de Satzouma émaillée bleu.

176 — Quatre coupes creuses sur piédouche, en porcelaine mince du Japon, l'une d'elles décorée de figures, les autres représentant un paysage doré.

77 — Deux pièces en porcelaine du Japon, décorée en camaïeu bleu, vase de forme cylindrique à couvercle et théière portant de longues inscriptions.

78 — Deux pièces en porcelaine du Japon, bouteille décorée de fleurs et compotier à bordure à jour.

9 — Trois compotiers en porcelaine du Japon, décorés en bleu, rouge et or.

180 — Trois autres compotiers de même porcelaine à bords festonnés, décorés de dragons.

181 — Six plateaux ronds, dont deux décorés de rosaces et les autres de fleurs sur fond blanc.

182 — Quatre petites coupes rondes en porcelaine du Japon,

émaillée jaune et rouge à l'imitation de laque, et dragons gravés sous émail.

183 — Deux plateaux en porcelaine émaillée vert et jaune, avec caractères gaufrés en relief.

184 — Trois petites jardinières en poterie de Satzouma, décorées de fleurs et d'animaux.

185 — Deux plateaux en forme d'oiseau, dont deux en porcelaine et deux en terre émaillée.

186 — Quatre plateaux en poterie de Satzouma, décorée de fleurs émaillées en couleurs.

187 — Deux coupes rondes à couvercles, décorées de fleurs en émaux de couleurs.

188 — Deux pièces : vase forme bouteille en porcelaine décorée de fleurs, et petit vase en porcelaine bleue soufflée.

189 — Petite jonque en porcelaine du Japon, décorée en camaïeu bleu.

190 — Deux petites jardinières en poterie de Satzouma, l'une d'elles à ornements gaufrés en relief et émaillés en couleurs.

191 — Deux pièces : figurines en satzouma et groupe porcelaine, enfants montés sur un buffle.

192 — Deux pièces poterie de Satzouma : petit vase à couvercle et boîte de forme hexagone.

193 — Coupe et plateau en poterie de Satzouma, décorés de fleurs et d'oiseaux.

194 — Quatre pièces en poterie de Kanga, décorées rouge et or.

195 — Trois théières en poterie de Satzouma.

196 — Trois petits pots en poterie de Satzouma, dont un à couvercle.

197 — Quantité de pièces diverses en porcelaine du Japon et en poterie de Satzouma, qui seront vendues par lots.

Laques

198 — Belle boîte en laque du Japon, forme coquille, décorée de paysages et de figures en or sur fond noir à l'extérieur et décorée en or sur fond aventuriné à l'intérieur.

199 — Petit cabinet en laque noir du Japon à fond noir décoré en or et argent.

200 — Modèle de palanquin en laque aventuriné du Japon à décor d'or et garni d'ornements en cuivre gravé et doré.

201 — Belle boîte de forme octogone à couvercle bombé et à quatre compartiments en laque noir du Japon, décorée en or et enrichie d'animaux et de rosaces incrustés en burgau.

202 — Trousse de médecin en laque du Japon décorée de fleurs en or en relief.

203 — Pupitre monté sur table à tiroir, en bois naturel, garni en métal gravé et argenté.

204 — Petit cabinet à branchages et fleurs en relief, exécuté en bois et en nacre sur fond noir.

205 — Jolie boîte-écritoire en laque noir du Japon décorée de paysages avec figures en or et burgau. Belle qualité.

206 — Jolie boîte de forme rectangulaire, décorée de volatiles dans un paysage en or et burgau. Belle qualité.

207 — Deux flacons en laque aventuriné du Japon à décor d'or, fleurs et armoiries.

208 — Petit tabouret en laque noir du Japon orné d'une frise sculptée et dorée.

209 — Charmant petit écran en laque noir, décoré de fleurs et d'ornements dorés et incrustés de burgau. Travail très-fin.

210 — Porte-allumettes de même travail.

211 — Boîte oblongue en laque noir burgauté.

212 — Deux plateaux ronds à trois pieds en bois naturel laqué.

213 — Divinité en bois sculpté placée dans une boîte laquée noir, garnie en cuivre gravé.

214 — Trousse de médecin en laque du Japon, à décor d'or et bouton en ivoire sculpté.

215 — Jolie boîte formée d'une coque d'œuf laquée en or, à feuillages, fleurs et fruits.

216 — Trois petites boîtes laquées dont une en écaille.

217 — Trois autres pièces en laque, dont un petit plateau burgauté.

218 — Diverses pièces en laque qui seront vendues par lots.

Objets variés

219 — Grand brûle-parfums en émail de Chine, décoré de fleurs sur fond marbré bleu.

220 — Plat rond et deux petits plateaux ronds en émail de Chine, décorés de fleurs sur fond bleu et vert.

221 — Quatre petits plateaux ronds en émail, décorés de fleurs sur fond jaune et sur fond vert.

222 — Brûle-parfums forme fleur en fer et cuivre argenté, destiné à être suspendu.

223 — Trois pièces en verre violet et vert. Travail japonais.

224 — Armure japonaise complète, avec sa boîte de transport.

225 — Cinq petits poignards japonais.

226 — Défense d'éléphant avec ouverture dans le sens de la longueur.

227 — Deux collections de coquillages.

Albums et Rouleaux

228 — Grand et bel album renfermant quantité de miniatures représentant des volatiles de basse-cour et autres, avec inscriptions. Beau travail.

229 — Autre bel album analogue à celui qui précède, représentant également des oiseaux, et portant des inscriptions.

230 — Album renfermant un grand nombre d'oiseaux finement peints en couleurs.

231 — Album d'oiseaux analogue à celui qui précède.

232 — Album contenant trente-huit miniatures sur papier, représentant des sujets de personnages tirés d'un roman japonais.

233 — Album renfermant des figures dont les vêtements sont exécutés en étoffe.

234 — Rouleau portant des caractères d'or sur lesquels sont représentées toutes les divinités du Japon. Peinture très-fine.

235-238 — Quatre beaux rouleaux représentant des scènes de la vie privée au Japon et des sujets tirés de romans.

Ils seront vendus séparément.

239 — Environ cinquante rouleaux et albums représentant des sujets variés, qui seront vendus par lots.

240 — On vendra sous ce numéro les objets omis au présent catalogue.

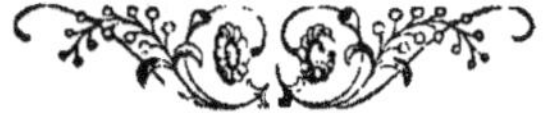

www.ingramcontent.com/pod-product-compliance
Lightning Source LLC
LaVergne TN
LVHW010012230826
846092LV00002B/777

9782329593227